Google Bard

L'Intelligence Artificielle Conversationnelle et Créative

Benoit Le Guen

Google Bard 1
L'Intelligence Artificielle Conversationnelle et Créative. 1

    Chapitre 1 3
        Introduction 3
        La relation entre Google Bard et ChatGPT 5
    Chapitre 2 7
        Les bases de Google Bard 7
    Chapitre 3 12
        Technologie et intelligence artificielle derrière Google Bard 12
    Chapitre 4 18
        Google Bard et ses applications 18
    Chapitre 5 24
        Nouvelles fonctionnalités et mises à jour 24
    Chapitre 6 30
    Éthique et responsabilités dans l'utilisation de l'IA 30
    Chapitre 7 36
        Perspectives d'avenir pour Google Bard 36
    Chapitre 8 42
        Tutoriels et guides pratiques 42
    Chapitre 9 48
        Témoignages et études de cas 48
    Chapitre 10 53
        Conclusion 53

Chapitre 1

Introduction

L'histoire de Google Bard

Google Bard est un service de chat IA expérimental, développé par Google, qui vise à stimuler la créativité et à améliorer la productivité. Cette plateforme innovante est basée sur la technologie d'intelligence artificielle de Google, en particulier l'architecture LaMDA, qui permet la génération de texte dans un format conversationnel.

L'idée derrière Google Bard est née du désir constant de Google d'offrir à ses utilisateurs des outils avancés et pratiques pour explorer leur créativité et faciliter la réalisation de tâches complexes. La conception de Bard a été influencée par des expériences similaires dans le domaine de l'IA conversationnelle, notamment ChatGPT, développé par OpenAI. Cependant, Google Bard se distingue par des fonctionnalités dédiées et une mise au point sur la collaboration et la créativité.

Le lancement de Google Bard a été annoncé en février 2023, quelques mois avant que les premiers utilisateurs aient l'occasion d'expérimenter ses capacités novatrices. Depuis lors, Google a continué à développer Bard, en élargissant régulièrement son accès aux utilisateurs et en intégrant de nouvelles fonctionnalités. La communauté a accueilli avec enthousiasme cette innovation, et de nombreux retours d'utilisateurs et d'experts soulignent les perspectives prometteuses de cette plateforme.

Dans ce livre, nous explorerons en profondeur Google Bard, sa technologie sous-jacente, ses applications possibles et son impact sur notre manière de travailler et de créer.

La relation entre Google Bard et ChatGPT

Google Bard et ChatGPT sont tous deux des services de chat IA qui utilisent des modèles d'intelligence artificielle avancés pour générer du texte dans un format conversationnel. Bien que ces deux plateformes partagent des objectifs similaires et des fonctionnalités de base, elles présentent également des différences significatives dans leur approche, leur technologie et leur utilisation.

ChatGPT est un modèle de langage développé par OpenAI, une organisation de recherche en intelligence artificielle. Le développement de ChatGPT s'appuie principalement sur le modèle GPT (Generative Pre-trained Transformer) et vise à offrir des réponses utiles et pertinentes dans un large éventail d'applications conversationnelles. En tant que tel, ChatGPT est utilisé dans divers domaines, tels que les services d'assistance client, les outils de création de contenu, et bien d'autres.

De son côté, Google Bard est une création de Google, basée sur l'architecture LaMDA. La publication de Google Bard marque la première incursion majeure de Google dans le domaine des IA conversationnelles, rivalisant ainsi avec ChatGPT. Toutefois, Google Bard se concentre davantage sur la créativité, la collaboration et le soutien aux utilisateurs dans l'élaboration de nouvelles idées et de contenus innovants.

En tant que concurrents dans le domaine des IA conversationnelles, Google Bard et ChatGPT poursuivent un objectif commun : permettre aux utilisateurs d'interagir de manière naturelle et fluide avec la technologie d'intelligence artificielle. Cependant, chaque plateforme a ses propres caractéristiques distinctes et sa vision pour satisfaire les besoins de leurs utilisateurs respectifs. Dans l'ensemble, la coexistence de Google Bard et ChatGPT offre aux utilisateurs une variété d'options pour explorer et adopter l'IA conversationnelle dans leurs activités quotidiennes et professionnelles.

Chapitre 2

Les bases de Google Bard

Comment accéder et utiliser Google Bard

Google Bard est conçu pour être facile d'accès et d'utilisation pour les utilisateurs novices comme pour les experts en IA. Voici quelques étapes pour accéder à Google Bard et commencer à l'utiliser:

1. Compte Google: Pour utiliser Google Bard, vous devez posséder un compte Google personnel ou un compte Google Workspace pour lequel un administrateur a activé l'accès à Google Bard. Si vous n'avez pas encore de compte Google, vous devrez en créer un.

2. Se connecter à Bard: Rendez-vous sur la page d'accueil de Google Bard (https://bard.google.com/) et connectez-vous avec votre compte Google. Vous pourrez alors accéder à l'interface de Bard, conçue pour faciliter la collaboration et la génération de texte.

3. Commencer une conversation: Une fois connecté, vous pouvez entamer une conversation avec Google Bard en posant une question ou en formulant une requête. Vous pouvez également décrire un sujet ou une idée sur laquelle Bard pourra vous apporter des suggestions créatives.

4. Réponses et suggestions: Google Bard répondra à vos questions ou vous fournira des suggestions basées sur vos demandes. Selon la nature de la conversation, vous pouvez approfondir le sujet, poser des questions supplémentaires ou demander à Google Bard d'explorer des idées connexes.

5. Édition et collaboration: Vous pouvez éditer les réponses ou le texte généré par Google Bard pour améliorer la qualité et l'adéquation de leur contenu. Vous pouvez également inviter d'autres personnes à se joindre à la conversation avec Google Bard et contribuer avec leurs propres idées et suggestions.

6. Exportation du contenu: Une fois que vous êtes satisfait des résultats et du contenu généré, vous pouvez exporter les informations produites par Google Bard et les utiliser dans un autre contexte, tel qu'un document, une présentation ou un article de blog.

En résumé, pour accéder et utiliser Google Bard, il suffit de créer ou de posséder un compte Google, de se connecter à l'interface de Bard, de commencer une conversation et d'interagir avec l'IA pour obtenir des réponses, des suggestions et du contenu créatif. Cette expérience utilisateur simplifiée et facile d'accès fait de Google Bard un outil précieux pour de nombreux domaines et applications.

Fonctionnement de Google Bard en tant qu'outil créatif et collaboratif

Google Bard a été conçu pour fonctionner à la fois comme un outil créatif et collaboratif. Il peut assister les utilisateurs dans diverses tâches allant de la conception de contenus innovants à la génération d'idées pour résoudre des problèmes complexes. Voici comment Google Bard opère en tant qu'outil créatif et collaboratif :

1. Génération d'idées et de contenus : Google Bard utilise des algorithmes avancés pour créer des textes uniques, des questions, des suggestions et des réponses en fonction des requêtes des utilisateurs. Ceci permet aux utilisateurs d'explorer de nouveaux domaines et de bénéficier d'idées intéressantes pour leurs projets ou leurs recherches.

2. Réflexion et exploration : Google Bard favorise la réflexion et l'exploration de nouvelles idées en offrant aux utilisateurs la possibilité d'engager des conversations sur une variété de sujets. En posant des questions ou en suivant différents fils de discussion, les utilisateurs peuvent explorer en profondeur un sujet et développer leur pensée créative.

3. Collaboration en temps réel : L'outil permet une collaboration en temps réel avec d'autres utilisateurs, leur offrant la possibilité de travailler ensemble sur un projet, de discuter et de partager des idées. Cela encourage l'échange d'idées et la co-création de contenus parmi les membres de l'équipe.

4. Assistance dans la rédaction : Google Bard peut aider à la rédaction de textes en fournissant des suggestions pour améliorer le style d'écriture, la structure et la qualité du contenu. Cela permet aux utilisateurs de produire des textes plus clairs, plus cohérents et engageants.

5. Apprentissage et adaptation : Google Bard est constamment à l'écoute des retours des utilisateurs et s'adapte en fonction de leurs préférences et demandes. Cela permet à l'outil de mieux comprendre les besoins et les attentes des utilisateurs au fil du temps, afin de proposer des solutions plus pertinentes et personnalisées.

En résumé, Google Bard fonctionne comme un outil créatif et collaboratif en exploitant l'IA pour générer des idées et du contenu, favoriser la réflexion et l'exploration, faciliter la collaboration en temps réel, assister dans la rédaction et s'adapter aux besoins des utilisateurs. Grâce à ces fonctionnalités, Google Bard explore de nouvelles façons d'interagir avec l'intelligence artificielle et de l'utiliser pour résoudre des problèmes, stimuler la créativité et améliorer la productivité.

Chapitre 3

Technologie et intelligence artificielle derrière Google Bard

LaMDA : Architecture fondamentale

Google Bard est basé sur la technologie d'intelligence artificielle développée par Google, en particulier l'architecture LaMDA (Language Model for Dialogue Applications). LaMDA est une architecture de modèle de langage conçue spécifiquement pour le traitement, la compréhension et la génération de texte en dialogue.

LaMDA présente plusieurs caractéristiques novatrices qui le rendent particulièrement adapté aux applications conversationnelles, comme Google Bard :

1. Compréhension du contexte : LaMDA est conçu pour comprendre et gérer les contextes variés et parfois imprévisibles des conversations avec les utilisateurs. Cela lui permet de fournir des réponses et des suggestions pertinentes en se basant sur le contexte spécifique des échanges.

2. Génération de réponses ouvertes :
Contrairement à d'autres modèles de langage qui se concentrent sur des scénarios et des questions spécifiques, LaMDA est conçu pour générer des réponses ouvertes et pertinentes à un large éventail de requêtes. Cela permet à Google Bard d'offrir des réponses créatives et engageantes aux utilisateurs.

3. Flexibilité et adaptabilité : LaMDA est une architecture flexible qui peut être entraînée avec différents corpus de texte et adaptée à diverses applications et domaines de connaissances. Cela signifie que Google Bard peut continuer à évoluer et à s'étendre pour répondre à une multitude de besoins et d'exigences des utilisateurs.

4. Apprentissage continu : LaMDA est capable d'apprendre et de s'améliorer en continu grâce à l'interaction avec les utilisateurs et à l'analyse des données et des tendances. Ceci permet à Google Bard de devenir plus précis, plus pertinent et plus efficace à mesure qu'il interagit avec les utilisateurs et leur offre des réponses et des suggestions.

En résumé, la technologie et l'intelligence artificielle derrière Google Bard reposent sur l'architecture LaMDA, qui offre une compréhension profonde du contexte, la génération de réponses ouvertes, une flexibilité et une adaptabilité aux différents domaines de connaissances, et un apprentissage continu. Ces caractéristiques font de Google Bard une plateforme avancée et innovante pour les applications conversationnelles et créatives.

Fonctionnalités spécifiques de Google Bard par rapport à ChatGPT (concurrent)

Bien que Google Bard et ChatGPT soient tous deux des services de chat IA conversationnels, ils présentent des différences en termes de fonctionnalités et d'applications. Voici quelques-unes des fonctionnalités spécifiques de Google Bard par rapport à ChatGPT :

1. Orientation créative et collaborative : Google Bard met l'accent sur la créativité et la collaboration, aidant les utilisateurs à générer des idées et à rédiger du contenu de manière innovante. ChatGPT, en revanche, est principalement conçu pour fournir des réponses utiles et pertinentes aux questions des utilisateurs.

2. Technologies sous-jacentes : Google Bard est basé sur l'architecture LaMDA, développée par Google, tandis que ChatGPT repose sur le modèle GPT d'OpenAI. Ces deux technologies ont leurs propres caractéristiques et leurs avantages, bien qu'elles soient toutes deux conçues pour être adaptables et performantes dans la génération de texte conversationnel.

3. Persistance et suivi des conversations : Google Bard est conçu pour maintenir la persistance conversationnelle lors d'échanges avec les utilisateurs. Cette fonction garantit que l'IA se souvient des parties précédentes de la conversation pour fournir des réponses et des suggestions contextuellement appropriées. Bien que ChatGPT assure également un suivi des conversations, il se concentre davantage sur la génération de réponses basées sur des entrées individuelles plutôt que sur des échanges en profondeur.

4. Capacités d'édition et de collaboration en temps réel : L'interface de Google Bard permet aux utilisateurs de collaborer et d'éditer le texte généré en temps réel, offrant ainsi un environnement de travail flexible et interactif pour les équipes. ChatGPT n'offre pas ces options de collaboration en temps réel de manière aussi étendue.

5. Intégration avec d'autres services Google : Google Bard est conçu pour s'intégrer facilement avec d'autres produits et services Google, tels que Google Workspace, ce qui facilite l'utilisation de Bard dans diverses applications professionnelles et créatives. ChatGPT, en tant que produit d'OpenAI, ne dispose pas d'une telle intégration native avec les services Google.

En conclusion, les fonctionnalités spécifiques de Google Bard par rapport à ChatGPT incluent son orientation créative et collaborative, les technologies sous-jacentes différentes, des capacités de suivi des conversations plus poussées, des options d'édition et de collaboration en temps réel et une meilleure intégration avec les services Google. Ces distinctions offrent aux utilisateurs une variété d'options pour choisir l'outil le plus adapté à leurs besoins et préférences spécifiques.

Chapitre 4

Google Bard et ses applications

Applications dans différentes industries

L'approche créative et collaborative de Google Bard en fait un outil polyvalent pour de nombreuses industries. Voici quelques applications possibles de Google Bard dans différents domaines :

1. Rédaction et édition : Google Bard peut être utilisé pour aider les rédacteurs, les éditeurs et les écrivains à générer des idées de sujets, des titres, des points clés ou des synopsis pour des articles, des blogs et des livres. En outre, il peut fournir des suggestions de réécriture ou d'amélioration du texte existant.

2. Marketing et publicité : Les professionnels du marketing peuvent utiliser Google Bard pour concevoir des slogans accrocheurs, rédiger des messages publicitaires, développer des scénarios de campagnes ou créer des stratégies pour atteindre de nouveaux publics.

3. Design et développement web : Les concepteurs et développeurs de sites web peuvent tirer parti de Google Bard pour générer du contenu, rédiger des balises méta, des descriptions et des textes accrocheurs adaptés à leur projet. Bard peut également aider à l'élaboration de scénarios utilisateur et à la rédaction de documentation technique.

4. Éducation et formation : Les enseignants et les professionnels de la formation peuvent utiliser Google Bard pour concevoir des plans de cours, développer des activités pédagogiques et créer des ressources éducatives. Bard peut aussi être utilisé pour générer des questions de quiz, des études de cas ou des scénarios de discussion.

5. Recherche et analyse : Les chercheurs et les analystes peuvent utiliser Google Bard pour élaborer des hypothèses, rechercher des idées et développer des approches pour résoudre des problèmes complexes. Bard peut aider à la rédaction de rapports de recherche, d'articles ou de présentations.

6. Gestion de projets : Les chefs de projet et les planificateurs peuvent utiliser Google Bard pour élaborer des plans de projet, des stratégies d'exécution ou des métriques de succès. Bard peut également fournir des conseils et des recommandations pour résoudre des problèmes et relever des défis liés au projet.

7. Services d'assistance à la clientèle : Google Bard peut être utilisé pour créer des solutions et améliorer la communication avec les clients en fournissant des réponses rapides et pertinentes à leurs questions tout en étant capable d'apprendre et de s'adapter en fonction de chaque interaction.

Ces applications ne sont que quelques exemples des nombreuses possibilités offertes par Google Bard dans diverses industries. La polyvalence et les capacités créatives de l'outil permettent un large éventail d'utilisations, offrant une valeur ajoutée à de nombreux domaines.

Comment Google Bard peut stimuler la créativité et améliorer la productivité.

Google Bard, en tant qu'outil créatif et collaboratif basé sur l'IA, présente un grand potentiel pour stimuler la créativité et améliorer la productivité dans divers domaines. Voici quelques façons dont Google Bard peut y parvenir :

1. Générer des idées : Google Bard peut aider à générer des idées originales et créatives, en répondant aux questions des utilisateurs ou en offrant de nouvelles perspectives sur un sujet. Cela permet aux utilisateurs de bénéficier d'un flux constant d'idées neuves pour nourrir leur créativité.

2. Aider à surmonter le blocage de l'écrivain : Lorsqu'un utilisateur rencontre des difficultés pour rédiger un texte, Google Bard peut fournir des suggestions et des formulations alternatives pour surmonter l'impasse et stimuler la créativité.

3. Collaboration en temps réel : La possibilité pour plusieurs utilisateurs de travailler ensemble simultanément avec Google Bard favorise l'échange d'idées et la co-création de contenu. Cela permet aux équipes de collaborer plus efficacement et de tirer parti des compétences et des connaissances de chacun.

4. Gestion du temps et des tâches : Google Bard peut aider à prioriser les tâches, à organiser les projets et à gérer le temps de manière plus efficiente en fournissant des suggestions et des stratégies pour optimiser la charge de travail. Cette amélioration de la gestion du temps conduit à une meilleure productivité.

5. Amélioration de la qualité du contenu : Google Bard peut aider à améliorer la qualité du contenu en fournissant des suggestions pour l'amélioration du style d'écriture, de la structure et de la clarté. Les suggestions de Bard peuvent permettre aux utilisateurs de peaufiner leur travail et d'atteindre un niveau de qualité supérieur sans effort supplémentaire.

6. Apprentissage et adaptation : En apprenant des interactions avec les utilisateurs, Google Bard améliore et affine ses suggestions pour mieux comprendre et répondre aux besoins de ses utilisateurs et, ainsi, améliorer la productivité.

7. Réduction du stress et de la pression : En fournissant un soutien créatif et collaboratif, Google Bard permet aux utilisateurs de se concentrer sur des tâches plus importantes et stimulantes, réduisant ainsi le stress et la pression associés à la réalisation de projets ou à la résolution de problèmes complexes.

En résumé, Google Bard peut stimuler la créativité et améliorer la productivité en générant des idées, en aidant à surmonter le blocage de l'écrivain, en favorisant la collaboration en temps réel, en optimisant la gestion du temps et des tâches, en améliorant la qualité du contenu, en apprenant et en s'adaptant aux besoins des utilisateurs, et en réduisant le stress et la pression. Ces avantages font de Google Bard un outil précieux pour les professionnels et les créatifs dans divers domaines.

Chapitre 5

Nouvelles fonctionnalités et mises à jour

Google I/O 2023: Mises à jour et annonces concernant Google Bard

Le Google I/O 2023 est un événement majeur pour les développeurs qui donne un aperçu des dernières avancées et nouvelles fonctionnalités des produits et services Google. Lors de cet événement, Google a introduit de nombreuses mises à jour et annonces sur Google Bard, afin de continuer à améliorer ses fonctionnalités et ses performances. Voici quelques-unes des principales mises à jour et annonces pour Google Bard :

1. Reconnaissance du langage naturel améliorée : Les améliorations apportées à l'architecture LaMDA de Google Bard permettent une meilleure compréhension du contexte et du langage naturel pour fournir des réponses encore plus pertinentes et précises aux requêtes des utilisateurs.

2. Modèles pré-entraînés pour des industries spécifiques : Google a annoncé des modèles pré-entraînés de Google Bard pour des industries spécifiques, telles que la santé, l'éducation, le droit et le marketing. Ces modèles spécialisés offrent des réponses et des suggestions encore plus pertinentes et adaptées aux besoins des professionnels de ces industries.

3. Personnalisation poussée : De nouvelles fonctionnalités de personnalisation permettent aux utilisateurs d'adapter davantage Google Bard à leurs préférences individuelles, en adaptant l'IA pour adopter différentes tonalités, styles d'écriture et centres d'intérêt.

4. Intégration avec des services Google supplémentaires : Google a annoncé l'intégration de Google Bard avec d'autres services Google, tels que Google Meet et Google Calendar, offrant aux utilisateurs encore plus de flexibilité et d'utilité dans différents contextes.

5. Accessibilité et traduction en temps réel : L'introduction de fonctionnalités d'accessibilité et de traduction en temps réel permet à Google Bard de devenir plus inclusif et accessible aux utilisateurs du monde entier, en leur offrant une expérience utilisateur optimisée dans leur langue maternelle.

6. Capacités d'IA conversationnelle multi-tâches : Les mises à jour de Google Bard permettent maintenant à l'IA de gérer plusieurs tâches simultanément au cours d'une conversation, permettant aux utilisateurs de basculer facilement entre les sujets sans perdre le fil de leurs interactions.

Ces mises à jour et annonces lors du Google I/O 2023 montrent l'engagement continu de Google à améliorer et à développer Google Bard afin de le rendre plus performant, personnalisable et accessible. Grâce à ces nouvelles fonctionnalités et améliorations, Google Bard devrait continuer à gagner en popularité comme outil créatif et collaboratif pour un large éventail d'utilisateurs et d'industries.

Améliorations à venir pour Google Bard

Alors que Google continue de développer et d'améliorer Google Bard, voici quelques améliorations potentielles que nous pourrions voir dans un futur proche :

1. Compréhension contextuelle améliorée : Des améliorations dans la capacité de Google Bard à comprendre le contexte des conversations permettront de fournir des réponses et des suggestions encore plus pertinentes et précises pour diverses situations.

2. Modèles spécialisés pour plus de domaines : Le développement de modèles pré-entraînés et spécialisés pour un plus grand nombre de domaines, d'industries et d'expériences utilisateur offrira une personnalisation accrue et des réponses mieux ciblées aux besoins spécifiques des utilisateurs.

3. Capacités d'apprentissage améliorées : Les progrès dans les algorithmes d'apprentissage de Google Bard permettront à l'IA de mieux apprendre des interactions passées et de s'adapter rapidement aux préférences et aux besoins des utilisateurs pour offrir une expérience personnalisée.

4. Interaction vocale et multimodale : L'intégration d'une interaction vocale et d'autres modes d'interaction offrira aux utilisateurs la possibilité d'interagir avec Google Bard de différentes manières, facilitant l'utilisation dans différents contextes, tels que les appareils mobiles, les enceintes intelligentes ou les commandes vocales sur ordinateur.

5. Collaboration plus avancée : Des fonctionnalités de collaboration plus avancées pourraient être introduites, permettant aux équipes de travailler ensemble encore plus efficacement et de partager leurs idées et leurs commentaires en temps réel lors de l'utilisation de Google Bard.

6. Prise en charge de plusieurs langues : L'introduction d'un support pour encore plus de langues rendra Google Bard accessible à un plus grand nombre d'utilisateurs à travers le monde, stimulant la créativité et la collaboration à l'échelle mondiale.

7. Intégration avec d'autres services et plateformes : L'intégration de Google Bard avec des services tiers et d'autres plateformes populaires pourraient permettre aux utilisateurs de tirer le meilleur parti de l'IA dans diverses applications et contextes, en élargissant encore la portée et les possibilités offertes par l'outil.

Ces améliorations potentielles à venir pour Google Bard montrent que la technologie continuera à se développer, offrant de nouvelles fonctionnalités et possibilités pour stimuler la créativité et améliorer la productivité des utilisateurs dans divers domaines et industries.

Chapitre 6

Éthique et responsabilités dans l'utilisation de l'IA

Les défis éthiques liés à l'utilisation de Google Bard

L'utilisation de Google Bard et d'autres plateformes d'intelligence artificielle implique un certain nombre de défis éthiques qui nécessitent une attention particulière pour assurer un usage responsable :

1. Biais et discrimination : Les modèles de langage IA sont entraînés sur d'énormes quantités de données issues du web, et peuvent ainsi hériter de divers biais existant dans ces données. Ces biais peuvent entraîner des réponses discriminatoires ou offensantes, soulevant des préoccupations éthiques sur l'équité, l'inclusivité et la représentation.

2. Vie privée et protection des données : Les plateformes d'IA conversationnelle comme Google Bard peuvent traiter des informations sensibles communiquées par les utilisateurs. La gestion et la protection de ces données, ainsi que la garantie de la confidentialité et du respect de la vie privée des utilisateurs, sont des questions éthiques cruciales.

3. Responsabilité et confiance : L'utilisation de l'IA dans la prise de décision ou la génération de contenu peut soulever des questions de responsabilité et de confiance. Il est important de déterminer qui est responsable en cas de mauvaises décisions ou de contenus inappropriés générés par l'IA. De plus, la transparence des processus de l'IA est un facteur essentiel pour établir la confiance des utilisateurs.

4. Manipulation et désinformation : Les outils d'IA tels que Google Bard peuvent être utilisés pour propager de fausses informations ou créer du contenu trompeur, ce qui soulève des préoccupations éthiques quant à leur utilisation responsable dans la lutte contre la désinformation et la propagation de contenus nuisibles.

5. Addiction et impact psychologique : L'utilisation prolongée et fréquente d'outils d'IA conversationnelle peut entraîner une dépendance ou des effets psychologiques négatifs chez certains utilisateurs. Il est important de promouvoir des comportements équilibrés et sains lors de l'interaction avec ces outils.

6. Économie de l'attention et automatisation : La dépendance croissante à l'égard des outils d'IA pour la créativité et la productivité peut entraîner une économie de l'attention où les utilisateurs consacrent de plus en plus de temps et d'énergie aux interactions avec ces plateformes. De plus, l'automatisation de certaines tâches par les outils d'IA peut potentiellement menacer des emplois ou modifier la structure du marché du travail, impliquant des conséquences sociales et éthiques.

Pour relever et atténuer efficacement ces défis éthiques, les développeurs et les utilisateurs de Google Bard et d'autres plateformes d'IA doivent travailler ensemble pour promouvoir les meilleures pratiques, la transparence, la responsabilité et l'utilisation responsable de la technologie d'IA. Cela contribuera à garantir que ces outils offrent la promesse de l'innovation et de la productivité de manière éthique et socialement bénéfique.

IA responsable : un cadre pour une utilisation équilibrée

Pour garantir une utilisation équilibrée et responsable de l'intelligence artificielle (IA), il est crucial d'établir un cadre qui guide les développeurs, les organisations et les utilisateurs. Ce cadre devrait inclure les éléments suivants :

1. Transparence : Les processus, les mécanismes de prise de décision et les sources de données utilisées par les modèles d'IA devraient être transparents, afin que les utilisateurs et les parties prenantes puissent comprendre comment l'IA fonctionne et comment ses décisions sont prises.

2. Responsabilité : Les organisations et les développeurs qui créent et déploient des systèmes d'IA doivent être tenus responsables des conséquences de l'utilisation de ces systèmes, notamment en ce qui concerne les erreurs, les biais et les problèmes de sécurité.

3. Équité et non-discrimination : Les modèles d'IA devraient être conçus pour traiter toutes les personnes de manière égale et juste, en évitant de perpétuer des biais existants. Les développeurs doivent s'efforcer d'identifier et de minimiser les biais dans leurs modèles et de surveiller attentivement leur impact sur les différents groupes d'utilisateurs.

4. Protection de la vie privée et des données : Les droits à la vie privée et à la protection des données des utilisateurs doivent être respectés et protégés. Les organisations doivent mettre en place des mesures de sécurité appropriées pour protéger les données sensibles et respecter les réglementations relatives à la confidentialité des données.

5. Utilisation bénéfique et éthique : Les systèmes d'IA devraient être utilisés pour améliorer l'expérience des utilisateurs et avoir un impact positif sur la société. Les organisations doivent veiller à ce que leurs systèmes d'IA ne soient pas utilisés à des fins malveillantes, telles que la propagation de désinformation ou la manipulation des utilisateurs.

6. Éducation et sensibilisation : Les organisations doivent promouvoir l'éducation et la sensibilisation à l'IA responsable et à ses implications pour les utilisateurs et la société. Les utilisateurs doivent être informés des avantages, des limites et des responsabilités liées à l'utilisation des systèmes d'IA.

7. Participation et contrôle des utilisateurs : Les utilisateurs doivent avoir la possibilité de contrôler et de personnaliser leurs interactions avec les systèmes d'IA. Ils doivent également avoir accès à des mécanismes pour signaler les problèmes, donner leur avis et demander des explications sur les décisions prises par l'IA.

En mettant en place un cadre d'IA responsable, les organisations et les utilisateurs pourront tirer parti des avantages offerts par la technologie tout en conciliant les enjeux éthiques et les impacts sur la société. Ce cadre aidera à instaurer la confiance, à favoriser l'innovation et à garantir une utilisation équilibrée de l'IA dans divers domaines.

Chapitre 7

Perspectives d'avenir pour Google Bard

Le potentiel inexploité de Google Bard

L'avenir de Google Bard s'annonce prometteur, avec un potentiel inexploité qui pourrait ouvrir la voie à de nombreuses nouvelles opportunités et applications. Voici quelques perspectives d'avenir pour Google Bard et son potentiel à explorer :

1. Assistance intelligente et ubiquitaire : Avec l'amélioration constante des fonctionnalités et des performances de l'IA, Google Bard pourrait évoluer vers une assistance intelligente et ubiquitaire disponible sur diverses plateformes et dispositifs pour aider les utilisateurs dans toutes leurs tâches et activités quotidiennes.

2. Expérience utilisateur immersive : Google Bard pourrait offrir une expérience utilisateur encore plus immersif en intégrant des interactions multimodales, telles que la reconnaissance vocale, les gestes et les expressions faciales, permettant ainsi une communication plus naturelle et engageante avec l'IA.

3. Collaboration virtuelle étendue : Google Bard pourrait faciliter la collaboration virtuelle à un niveau supérieur en permettant aux utilisateurs de se réunir dans des environnements virtuels 3D pour travailler, apprendre et interagir avec l'IA en temps réel, enrichissant ainsi leur expérience de travail et de communication.

4. Intelligence émotionnelle et empathie : Le développement de l'intelligence émotionnelle et de l'empathie sur Google Bard permettrait à l'IA de mieux comprendre et de répondre aux émotions et aux sentiments des utilisateurs, améliorant ainsi leur expérience et leur engagement lors des interactions avec l'IA.

5. Assistance personnalisée et apprentissage adaptatif : En exploitant les données comportementales et les préférences des utilisateurs, Google Bard pourrait offrir une assistance encore plus personnalisée et s'adapter rapidement aux besoins spécifiques et en constante évolution de chaque individu.

6. Intégration étendue aux objets connectés et aux environnements intelligents : Google Bard pourrait être intégré dans une multitude d'objets connectés et d'environnements intelligents tels que les maisons, les bureaux et les villes, afin de faciliter des interactions fluides et contextualisées avec les utilisateurs et les systèmes.

7. Résolution créative de problèmes complexes :
En optimisant sa capacité à générer des idées et des solutions créatives, Google Bard pourrait devenir un outil précieux pour résoudre des problèmes complexes et exploratoires dans divers secteurs, tels que la recherche scientifique, l'urbanisme ou les défis technologiques.

Ces perspectives pour Google Bard offrent un aperçu du potentiel inexploité de l'outil et des possibilités qui pourraient être débloquées grâce aux innovations technologiques et aux développements futurs. La poursuite de cette évolution pourrait mener à une IA toujours plus performante, personnalisée et englobante, ouvrant la voie à de nouvelles avancées et expériences pour les utilisateurs.

Exemples d'innovation avec Google Bard

Google Bard a le potentiel de favoriser l'innovation dans divers domaines grâce à ses capacités créatives et collaboratives. Voici quelques exemples d'utilisation de Google Bard pour stimuler l'innovation :

1. Conception de produits : Les équipes de conception peuvent utiliser Google Bard pour générer des idées innovantes sur de nouveaux produits ou améliorer les produits existants, en explorant différentes fonctionnalités, matériaux et styles.

2. Brainstorming créatif : Les écrivains, les artistes et les professionnels de la publicité peuvent employer Google Bard pour générer des concepts originaux, des scénarios et des slogans accrocheurs, ainsi que pour développer des angles narratifs intrigants pour leurs projets.

3. Planification d'événements : Les organisateurs d'événements peuvent utiliser Google Bard pour proposer des idées créatives pour des thèmes, des activités et des expériences interactives qui rendent les événements mémorables et uniques.

4. Résolution de problèmes en entreprise : Les équipes de direction peuvent tirer parti de Google Bard pour identifier des approches innovantes pour résoudre des problèmes organisationnels, tels que l'amélioration des processus, la gestion des talents ou la stimulation de l'engagement des employés.

5. Stratégies marketing et publicitaires : Les professionnels du marketing peuvent exploiter Google Bard pour développer des stratégies marketing innovantes et des campagnes publicitaires percutantes pour atteindre de nouveaux publics et augmenter la notoriété de la marque.

6. Recherche scientifique et médicale : Les chercheurs peuvent utiliser Google Bard pour formuler des hypothèses novatrices, explorer de nouvelles avenues de recherche et examiner les résultats sous un angle différent, contribuant ainsi à faire avancer la recherche scientifique et médicale.

7. Développement de jeux : Les concepteurs de jeux peuvent s'associer à Google Bard pour créer des mécanismes de jeu originaux, des scénarios de scénario immersifs et des personnages captivants pour offrir des expériences de jeu uniques et engageantes.

Ces exemples illustrent le potentiel de Google Bard pour stimuler l'innovation dans une multitude de domaines et de contextes. En tant qu'outil basé sur l'IA, il peut aider à démocratiser l'accès à la créativité et améliorer la productivité de diverses organisations et individus, ouvrant la voie à des réalisations et des avancées encore plus extraordinaires.

Chapitre 8

Tutoriels et guides pratiques

Comment utiliser Google Bard efficacement

Pour utiliser Google Bard efficacement, suivez ces étapes et ces conseils pratiques qui vous aideront à tirer le meilleur parti de l'outil et à optimiser votre expérience :

1. Comprendre le fonctionnement de Google Bard : Familiarisez-vous avec la façon dont Google Bard fonctionne, en apprenant ses capacités, ses limitations et la manière dont il traite les requêtes. Cela vous permettra de mieux cerner comment utiliser l'outil à votre avantage.

2. Formuler des questions claires et concises : Lorsque vous interagissez avec Google Bard, essayez de formuler vos questions et requêtes de manière claire et concise. Une question bien formulée aidera l'IA à comprendre plus précisément ce que vous recherchez et à fournir des réponses plus pertinentes et utiles.

3. Adapter le ton et le style : Vous pouvez demander à Google Bard d'adopter un ton et un style spécifiques pour vos réponses, en précisant vos préférences au début de votre interaction. Par exemple, vous pouvez demander à Google Bard d'utiliser un ton formel, informel ou humoristique pour s'adapter à vos intentions et contexte.

4. Exploiter les modèles pré-entraînés : Si Google Bard propose des modèles pré-entraînés pour différents domaines ou industries, exploitez ces ressources pour obtenir des résultats encore plus adaptés à vos besoins spécifiques.

5. Demander des explications ou des informations supplémentaires : Si une réponse de Google Bard n'est pas claire ou si vous avez besoin d'informations supplémentaires, n'hésitez pas à poser des questions de suivi pour obtenir des éclaircissements ou approfondir votre compréhension.

6. Utiliser Google Bard pour la collaboration : Encouragez vos collègues ou partenaires à travailler avec vous en utilisant Google Bard pour faciliter la collaboration, améliorer l'échange d'idées et co-créer du contenu.

7. Écrivez des retours et aider l'IA à s'améliorer : Si vous constatez que Google Bard ne répond pas correctement à une question ou présente des biais, fournissez des commentaires constructifs pour aider l'IA à améliorer sa compréhension et ses réponses futures. En signalant les problèmes, vous contribuez à améliorer l'expérience pour vous-même et pour les autres utilisateurs.

8. Expérimenter et explorer : N'hésitez pas à expérimenter avec différentes requêtes, problèmes et domaines lors de votre interaction avec Google Bard. Explorez comment l'outil peut résoudre des problèmes complexes, générer des idées créatives ou aider à la prise de décision.

En suivant ces conseils et étapes pratiques, vous serez en mesure d'utiliser Google Bard de manière efficace et productrice. Cette utilisation optimisée contribuera à améliorer votre créativité, votre productivité et à découvrir de nouvelles façons d'utiliser l'outil pour répondre à vos besoins et objectifs.

Astuces et conseils pour tirer le meilleur parti de Google Bard

Pour profiter au maximum de Google Bard et optimiser votre expérience avec cet outil, tenez compte des astuces et des conseils suivants :

1. Soyez précis dans vos requêtes : Formulez des questions claires et précises pour aider Google Bard à comprendre exactement ce que vous souhaitez obtenir. Évitez les formulations ambiguës ou trop générales pour obtenir des réponses plus pertinentes.

2. Testez différentes formulations : Si vous n'obtenez pas la réponse souhaitée, essayez de reformuler votre question ou votre requête en utilisant des termes ou des phrases différentes. Cela peut aider l'IA à mieux comprendre ce que vous recherchez.

3. Utilisez un langage naturel : Interagissez avec Google Bard en utilisant un langage naturel pour faciliter la communication. L'IA est conçue pour comprendre et répondre à des phrases écrites comme vous le feriez dans une conversation avec un être humain.

4. N'hésitez pas à poser des questions de suivi : Pour approfondir un sujet ou obtenir des informations supplémentaires, posez des questions de suivi en fonction des réponses précédentes de Google Bard.

5. Explorez les fonctionnalités avancées : Si Google Bard propose des fonctionnalités avancées ou spécialisées, prenez le temps de les explorer et de les expérimenter pour découvrir comment elles peuvent vous être utiles.

6. Ajustez les paramètres et les préférences : Personnalisez votre expérience avec Google Bard en ajustant les paramètres et les préférences, telles que le ton et le style, pour répondre au mieux à vos besoins et attentes.

7. Utilisez Google Bard pour stimuler la créativité : Lorsque vous avez besoin d'inspiration ou d'idées, utilisez Google Bard pour vous proposer des concepts, des histoires ou des solutions créatives.

8. Combinez Google Bard avec d'autres outils ou ressources : Google Bard peut être encore plus puissant lorsque vous l'utilisez conjointement avec d'autres outils, ressources ou plateformes qui peuvent enrichir et compléter ses capacités.

9. Restez informé des mises à jour et des améliorations : Gardez un œil sur les mises à jour et les améliorations de Google Bard qui pourraient vous offrir encore plus de fonctionnalités, de capacités et de possibilités.

En suivant ces astuces et ces conseils, vous pourrez tirer le meilleur parti de Google Bard et profiter pleinement de ses possibilités, qu'il s'agisse de créativité, de collaboration ou de résolution de problèmes. L'exploitation optimale de cet outil d'IA vous aidera à atteindre vos objectifs et à surmonter les défis avec succès.

Chapitre 9

Témoignages et études de cas

Expériences des utilisateurs de Google Bard

Voici quelques témoignages et études de cas illustrant les expériences positives des utilisateurs de Google Bard dans divers domaines et contextes :

1. Écrivain indépendant : Un écrivain indépendant raconte comment Google Bard l'a aidé lors des périodes de blocage créatif en fournissant des idées de scénarios, des dialogues et des descriptions pour enrichir ses histoires. L'IA a également facilité la rédaction en suggérant des formulations alternatives pour améliorer la qualité et le rythme du texte.

2. Entreprise de marketing : Une agence de marketing explique comment Google Bard a amélioré son processus de brainstorming et de génération d'idées pour ses campagnes publicitaires. L'IA a fourni des concepts novateurs et des slogans accrocheurs en réponse à des briefs spécifiques, permettant à l'équipe de gagner du temps et d'obtenir des résultats efficaces pour leurs clients.

3. Enseignant : Un enseignant a utilisé Google Bard pour concevoir des exercices créatifs et des leçons innovantes pour ses élèves. L'outil a contribué à identifier des approches pédagogiques originales et adaptées à son programme, améliorant ainsi l'engagement et la motivation des élèves.

4. Petite entreprise : Le propriétaire d'une petite entreprise témoigne de l'utilisation de Google Bard pour répondre à des questions opérationnelles et développer des plans de croissance. L'IA a aidé à identifier des solutions créatives pour optimiser les processus, cibler de nouveaux marchés et élaborer des stratégies marketing efficaces.

5. Chercheur : Un chercheur en sciences sociales a utilisé Google Bard pour l'aider à explorer de nouvelles perspectives sur son sujet de recherche. L'IA a suggéré des références bibliographiques pertinentes, des angles d'analyse intéressants et des idées pour approfondir les problématiques clés.

Ces témoignages et études de cas montrent à quel point Google Bard peut être bénéfique et polyvalent pour divers utilisateurs et situations. Ces expériences soulignent le potentiel de l'outil pour stimuler la créativité, soutenir la prise de décision et faciliter la résolution de problèmes dans différents domaines et contextes professionnels.

Études de cas montrant le potentiel de Google Bard dans divers domaines

Voici quelques études de cas illustrant le potentiel de Google Bard dans des domaines variés :

1. Journalisme : Un journaliste utilise Google Bard pour générer des idées d'articles et des angles de reportage captivants. En fournissant des résumés, des statistiques et des citations, l'IA permet au journaliste de créer du contenu de qualité plus rapidement et d'enrichir ses articles.

2. Design d'intérieur : Un designer d'intérieur exploite Google Bard pour suggérer des idées d'aménagement, des combinaisons de couleurs et des styles de décoration innovants. L'outil aide le designer à créer des propositions personnalisées pour ses clients en fonction de leurs préférences et de leur budget.

3. Conception de logiciels : Une équipe de développeurs de logiciels utilise Google Bard pour identifier des solutions créatives aux problèmes techniques et fonctionnels rencontrés dans leurs projets. L'IA propose des algorithmes, des alternatives de conception et des améliorations qui aident l'équipe à créer des logiciels plus performants et intuitifs.

4. Services financiers : Un conseiller financier recourt à Google Bard pour obtenir des idées de stratégies d'investissement et des analyses économiques pertinentes. Grâce aux suggestions de l'IA, l'expert peut proposer des solutions personnalisées et mieux informées à ses clients pour optimiser la gestion de leur portefeuille.

5. Planification urbaine : Un architecte engage Google Bard pour créer des concepts de design urbain durables et pour aider à résoudre les défis de la mobilité et de l'espace public. L'outil propose des idées innovantes pour intégrer les espaces verts, encourager la mobilité verte et faciliter la vie des habitants.

6. Santé et bien-être : Un coach de bien-être utilise Google Bard pour concevoir des programmes personnalisés d'exercices, de régimes alimentaires et de gestion du stress pour ses clients. L'IA suggère des approches adaptées aux besoins individuels, favorisant ainsi des résultats positifs et durables en matière de santé.

Ces études de cas mettent en évidence le potentiel de Google Bard pour faciliter l'innovation, la créativité et la résolution de problèmes dans une multitude de domaines et industries. L'utilisation de l'IA dans de tels contextes permet d'améliorer la prise de décision, d'accélérer la production de solutions et d'optimiser les performances de diverses professions et applications.

Chapitre 10

Conclusion

Réflexion sur l'impact potentiel de Google Bard

Google Bard, en tant qu'outil d'intelligence artificielle de pointe, a le potentiel d'avoir un impact significatif dans divers domaines et industries. Son utilisation pour stimuler l'innovation, la création, la résolution de problèmes et la collaboration offre de nombreuses opportunités pour améliorer la productivité, la créativité et l'efficacité dans divers contextes professionnels et personnels.

Cependant, il convient également de considérer les défis, tels que les questions d'éthique, de biais, de vie privée, et de responsabilité, qui émergent dans le sillage de l'adoption croissante de l'IA. Pour relever ces défis, il est essentiel de mettre en place des cadres appropriés et des bonnes pratiques pour garantir une utilisation équilibrée, responsable et durable de Google Bard et d'autres outils d'IA semblables.

En reconnaissant et en abordant ces défis, tout en continuant de développer et d'améliorer la technologie de manière responsable, Google Bard peut servir de catalyseur pour des développements positifs et bénéfiques dans un large éventail de domaines. Dans l'ensemble, en exploitant et en adaptant au mieux les capacités offertes par Google Bard, les utilisateurs et les organisations peuvent transformer et améliorer leurs expériences et leurs résultats, tout en ayant un impact constructif sur la société dans son ensemble.

L'avenir de l'IA conversationnelle et créative

L'intelligence artificielle conversationnelle et créative est en constante évolution, avec des avancées technologiques et des applications croissantes dans divers secteurs. Voici quelques tendances à surveiller dans l'avenir de l'IA conversationnelle et créative :

1. Compréhension contextuelle améliorée : Une IA plus avancée pourrait comprendre et interpréter le contexte avec plus de précision, permettant des interactions et des réponses plus conformes aux intentions et aux besoins des utilisateurs.

2. Amélioration de l'intelligence émotionnelle : Les progrès vers une IA conversationnelle et créative, plus empathique et consciente des émotions pourraient aider à créer des interactions plus humaines, englobant les nuances et les subtilités du langage et des émotions humaines.

3. Interaction multimodale : L'intégration de la reconnaissance vocale, des expressions faciales et des gestes dans les outils d'IA conversationnelle et créative rendra les interactions plus naturelles, complètes et engageantes pour les utilisateurs.

4. Personnalisation et adaptabilité accrues : L'avenir de l'IA conversationnelle et créative comprendra des systèmes qui s'adaptent dynamiquement et personnalisent leurs réponses en fonction des préférences, des expériences et des contextes spécifiques des utilisateurs.

5. Collaboration humain-IA approfondie : L'amélioration des capacités de collaboration entre les utilisateurs et les systèmes d'IA permettra de co-créer du contenu, de résoudre des problèmes complexes et de favoriser l'innovation de manière plus efficace et harmonieuse.

6. Intégration généralisée : L'IA conversationnelle et créative s'intégrera de plus en plus dans divers domaines, notamment les environnements de travail, les produits de consommation et les services publics, pour faciliter les interactions et optimiser les processus.

7. Éthique et responsabilité : L'accent sera mis sur les questions éthiques et la responsabilité lors de l'élaboration et de l'utilisation de l'IA conversationnelle et créative, veillant à ce que la technologie soit utilisée de manière équitable, transparente et respectueuse de la vie privée.

En définitive, l'avenir de l'IA conversationnelle et créative promet d'offrir un potentiel considérable pour améliorer et transformer notre manière d'interagir, de travailler et d'innover à travers divers secteurs. Alors que ces technologies continuent de progresser et de se démocratiser, l'accent doit être mis sur une utilisation responsable et équilibrée, garantissant que l'IA soutienne les avancées tout en respectant les valeurs et les droits fondamentaux des utilisateurs.

Remerciements

Chers lecteurs,

À présent que vous avez achevé la lecture de ce livre, je tiens sincèrement à vous exprimer ma gratitude pour votre soutien et votre intérêt. Votre achat et votre engagement dans cette œuvre sont précieux et significatifs, et c'est un honneur de partager mes pensées, mes connaissances et mon expérience avec vous.

Je tiens à vous remercier, chers lecteurs, pour vos précieux retours, vos critiques constructives et votre passion pour l'apprentissage et la découverte. Ce livre n'aurait pas été le même sans votre curiosité et votre motivation pour explorer de nouvelles idées.

Dans ce voyage littéraire, j'ai cherché à vous offrir une œuvre qui éveille votre imagination, nourrit votre soif de connaissance et vous inspire à repenser et à approfondir votre compréhension de notre monde. J'espère qu'en refermant ce livre, vous emporterez avec vous un sentiment d'enrichissement personnel et que les pages parcourues auront laissé une trace durable sur votre esprit.

Je vous exprime mes plus sincères remerciements et vous souhaite une merveilleuse continuation dans vos aventures intellectuelles et créatives.

Chaleureusement,

Benoit Le Guen

Ingram Content Group UK Ltd.
Milton Keynes UK
UKHW021945040723
424555UK00014B/1579